Manfred Mai

WARUM Geschichten

BEIM ARZT
UND IM KRANKENHAUS

Zeichnungen von Dagmar Geisler

Loewe

Die Deutsche Bibliothek – CIP-Einheitsaufnahme

Mai, Manfred:
Warum-Geschichten / Manfred Mai.
Zeichnungen von Dagmar Geisler.
Bindlach : Loewe.
Beim Arzt und im Krankenhaus.
2. Aufl. – 1994
ISBN 3-7855-2364-5

ISBN 3-7855-2364-5 – 2. Auflage 1994

Umschlagillustration: Dagmar Geisler
Umschlagkonzeption: Karin Roder
Satz: Fotosatz Leingärtner, Nabburg
Gesamtherstellung: L.E.G.O. S.P.A., Vicenza
Printed in Italy

Inhalt

Warum habe ich Fieber?

Simon und Cordula waren zwei Stunden im Hallenbad. Und Simon wäre am liebsten noch länger im Wasser geblieben, obwohl er schon ganz blaue Lippen und runzlige Finger hatte.

Auf dem Heimweg bibbert Simon. Zu Hause spielt er noch Halma mit seiner Schwester. Doch er paßt nicht auf wie sonst.

„Ich bin müde", sagt er und legt sich aufs Sofa.

„Du hörst bloß auf, weil du verlierst", meckert Cordula. „Das ist gemein!"

„Stimmt ja gar nicht", widerspricht Simon und dreht sich um. Er ist zu müde zum Streiten.

Beim Abendbrot knabbert Simon an seinem Brot herum wie ein Mäuschen.

„Bist du krank?" fragt Mama. Sie legt Simon die Hand auf die Stirn. „Hm, das fühlt sich wie Fieber an."

Papa holt das Fieberthermometer und schmiert die Spitze mit Salbe ein. „Leg dich mal aufs Sofa, und dreh dich zur Seite.“ Er zieht Simons Hose herunter und steckt das Thermometer vorsichtig in Simons Po. Simon spürt es kaum.

„Warum muß man Fieber im Popo messen?“ fragt Cordula.

„Man muß es nicht“, erklärt Papa, „man kann auch im Mund oder unter dem Arm messen. Aber im Popo geht es am genauesten und am schnellsten, weil dabei im Körper gemessen wird.“

Simon hat 39,2° Fieber. Mama holt nasse Tücher und wickelt sie um Simons Beine.

„Iiii!“ ruft Simon. „Das ist kalt!“

„Warum machst du das?“ fragt Cordula.

„Das sind Wadenwickel“, erklärt Mama. „Die ziehen Wärme aus Simons Körper und senken so das Fieber.“

Trotz der Wadenwickel steigt das Fieber weiter. Um halb neun hat Simon 39,8°. Da ruft Papa den Arzt an.

„Kommt der noch so spät?“ fragt Cordula.

„Natürlich“, sagt Papa. „Der kommt auch mitten in der Nacht, wenn es sein muß. Auch wenn er schon geschlafen hat.“

„Wirklich?“

Papa nickt. „Wirklich!“

„Mitten in der Nacht aufstehen?“ überlegt Cordula. „Dann möchte ich kein Arzt sein.“

Dr. Lempp kommt und setzt sich neben Simon. „Dir geht es nicht so gut, höre ich. Wo tut's denn weh?“

„Im Kopf“, murmelt Simon. „Und mir ist so heiß.“

Dr. Lempp öffnet seine Tasche und nimmt das Stethoskop. „Damit höre ich, ob dein Herz richtig pumpt und ob die Lunge richtig atmet.“ Er hört Simon auf Brust und Rücken ab. „Jetzt mal tief einatmen.“

Simon atmet so tief ein, daß ihm beinahe schwindlig wird.

„Das genügt“, sagt Dr. Lempp. „Und jetzt noch husten.“

Simon hustet kräftig.

„Gut.“ Dr. Lempp legt das Stethoskop weg und tastet Simons Bauch ab. An einer Stelle drückt er und fragt: „Tut das weh?“

„Nein.“

„Der Blinddarm ist es nicht . . . Sag mal A!“

„Aaaa“, sagt Simon, „aaah“, und dabei drückt Dr. Lempp Simons Zunge mit einem Spatel nach unten.

„Die Mandeln sind auch in Ordnung. Jetzt möchte ich noch in deine Ohren schauen.“ Er holt eine kleine Lampe und schiebt die Spitze in Simons Ohren. „So, das hätten wir“, sagt Dr. Lempp. „Du hast eine fiebrige Erkältung. Sonst ist alles in Ordnung.“

„Warum hab’ ich Fieber?“ fragt Simon.

„Du hast dich erkältet oder bei jemandem angesteckt. Nun sitzen Krankheitskeime in deinem Körper. Das sind viele kleine Krankmacher. Und gegen die wehrt sich dein Körper.

Er schickt seine Gesundheitspolizisten los. Das sind die weißen Blutkörperchen in deinem Blut. Die stürzen sich jetzt alle auf die Krankmacher und kämpfen mit ihnen. Dabei geht es heiß her. Deswegen ist dir jetzt auch so heiß."

„Und wer gewinnt den Kampf?" fragt Simon ängstlich.

„Deine Gesundheitspolizisten", beruhigt ihn Dr. Lempp. „Bei einer normalen Erkältung sind die stärker. Und sollten sie es aus irgendeinem Grund doch nicht alleine schaffen, bekommst du ein fiebersenkendes Zäpfchen. Das hilft deinen Gesundheitspolizisten, die Krankmacher zu besiegen." Dr. Lempp streicht Simon über den Kopf. Dann dreht er sich zu Cordula um. „Und dir geht es gut?" fragt er sie.

Cordula nickt.

„Ein Patient in der Familie genügt ja auch."

Warum darf man nicht alle Kranken besuchen?

Zuerst hatte Daniela Schnupfen und Husten, dann bekam sie Fieber, und plötzlich sind in ihrem Gesicht und hinter den Ohren viele rote Flecken.

„Das sind Masern“, sagt Mama und steckt Daniela ins Bett.

Am Nachmittag kommt der Hausarzt und untersucht Daniela. „Du bleibst am besten ein paar Tage im Bett“, sagt er. „Ich schreibe eine Medizin auf, die deine Mama dir in der Apotheke holt. Davon nimmst du morgens, mittags und abends zehn Tropfen.“

„Kann ich nicht die ganze Medizin auf einmal nehmen?“ fragt Daniela. „Dann werde ich doch schneller wieder gesund.“

„O nein“, sagt der Arzt. „Dann würdest du noch

viel kränker. Medizin hilft nämlich nur, wenn man sie in der richtigen Menge einnimmt. Wenn man zuviel auf einmal davon schluckt, kann das sehr gefährlich werden; man kann sogar daran sterben. Deswegen sagt der Arzt immer genau, wieviel man nehmen soll. Verstehst du?“

Daniela nickt.

Zwei Tage später geht es ihr schon ein wenig besser. „Mama, mir ist langweilig“, klagt sie. „Machen wir ein Spiel?“

„Ich hab’ eigentlich keine Zeit zum Spielen“, sagt Mama.

„Dann soll Rebekka zu mir kommen.“

„Das darf sie leider nicht.“

„Warum nicht?“ will Daniela wissen.

„Weil Masern ansteckend sind“, antwortet Mama.

„Wie ansteckend?“

„Wenn du hustest oder niesen mußt, fliegen jedesmal viele Bazillen und Viren mit heraus. Das sind winzige Krankmacher. Die sieht man zwar nicht, aber die fliegen im ganzen Zimmer herum.“

„Ich huste und niese bestimmt nicht, und ich fasse Rebekka auch nicht an“, verspricht Daniela. „Dann kann ich sie doch nicht anstecken.“

Mama lächelt. „So einfach ist das leider nicht. Masern sind nämlich noch viel ansteckender als andere Kinderkrankheiten. Selbst wenn du Rebekka nicht berühren würdest und auch nicht husten und niesen müßtest, bekäme sie Masern. Denn sogar beim Lachen und Sprechen können die gefährlichen Viren herausfliegen. Und wer dich besucht, atmet die Masernviren ein. Dagegen kann man nichts tun.“

„Aber du bist doch auch bei mir.“

„Mich kannst du nicht mehr anstecken“, erklärt Mama. „Ich habe als Kind schon Masern gehabt. Und wer einmal Masern hatte, kann nie mehr welche bekommen.“

„Wenn Rebekka mich nicht besuchen darf, dann mußt du jetzt meine Freundin sein und mit mir spielen."

„Na gut", sagt Mama, „dann bin ich jetzt deine Freundin."

Warum muß man beim Arzt immer warten?

Mama hat seit Wochen Schmerzen an der Fußsohle. „Es hilft alles nichts“, sagt sie eines Morgens, „ich muß zum Arzt.“ Sie läßt sich einen Termin beim Hausarzt geben.

Als es soweit ist, will Benni unbedingt mitkommen.

„Na, ich weiß nicht“, sagt Mama.

Aber Benni quengelt so lange, bis sie ihn mitnimmt.

In der Praxis geht Mama zuerst zur Anmeldung. Eine Arzthelferin schreibt ihren Namen auf und warum sie kommt.

„Nehmen Sie bitte noch einen Augenblick im Wartezimmer Platz“, sagt die Arzthelferin.

Im Wartezimmer sitzen schon einige Leute.

„Sind die alle krank?“ fragt Benni.

„Wahrscheinlich."

„Aber man sieht doch gar nichts", flüstert Benni. „Wo sind die denn krank?"

Mama zieht die Schultern hoch.

Benni schaut die Leute an. „Was hat die?" fragt er und zeigt auf ein Mädchen.

„Benjamin", sagt Mama, „man zeigt nicht auf andere Leute. Und jetzt sei mal ein Weilchen still!"

Aber still sein und nur dasitzen ist langweilig. „Warum müssen wir denn so lange warten?"

„Du siehst ja, daß noch mehr Leute hier sind", sagt Mama.

„Aber du hast doch mit der Arzthelferin telefoniert, und sie hat gesagt, daß du jetzt drankommst."

„So genau kann sie das nicht planen", erklärt Mama. „Sie weiß ja nicht, wie lange die einzelnen Leute beim Arzt sind. Manchmal dauert eine Behandlung länger, als sie dachte, dann müssen die anderen eben ein wenig warten. Es kommt auch vor, daß der Arzt schnell wegmuß, weil irgendwo ein Unfall passiert ist."

„Bei Unfällen kommt doch ein Krankenwagen", sagt Benni.

„Nicht immer", sagt Mama. „Meistens wird zuerst der nächste Arzt gerufen. Nur wenn die Verletzungen schlimmer sind . . ."

In diesem Augenblick geht die Tür auf. Ein junger Mann kommt herein. Über dem rechten Auge hat er ein großes Pflaster, seine rechte Gesichtshälfte ist blutverschmiert.

Benni sieht die Schürfwunden an beiden Händen. Und er muß immer wieder das blutverschmierte Gesicht anschauen. Dabei wird ihm ganz komisch im Magen.

„Herr Bodmer!" ruft die Stimme der Arzthelferin aus dem Lautsprecher.

Der junge Mann erhebt sich und geht hinaus.

„Hast du das Blut gesehen?" fragt Benni.

„Natürlich", sagt Mama. „Deswegen muß er

schnell behandelt werden und kommt vor allen anderen dran.“

„Und wir müssen warten“, brummt Benni.

Es dauert und dauert, und Benni wird immer ungeduldiger.

„Frau Carlsen!“ ruft plötzlich die Lautsprecherstimme.

„Das bist du“, sagt Benni und springt vom Stuhl.

Mama geht mit Benni hinaus.

„Hier herein, bitte“, sagt eine Arzthelferin und führt sie ins Sprechzimmer.

Mama muß Schuhe und Strümpfe ausziehen

und sich auf eine Liege legen. Benni setzt sich neben sie. Und wieder müssen sie warten.

„Nächstes Mal gehe ich nicht mehr mit“, meckert Benni.

Endlich kommt Dr. Schipper herein. „Guten Morgen, Frau Carlsen.“ Er gibt auch Benni die Hand. „Und du hast deine Mama begleitet, daß sie nicht so alleine ist. Das finde ich prima von dir.“

Er sieht sich Mamas Fußsohle an. „Das ist eine Stechwarze. Die muß raus.“ Er nimmt eine Spritze. „Es wird ein bißchen weh tun, aber nur kurz.“ Er drückt die Spritze in Mamas Fuß.

Mama verzieht das Gesicht und hält den Atem an. Auch Benni verzieht das Gesicht.

„Schon vorbei“, sagt Dr. Schipper.

„Puh!“ Mama und Benni stoßen die Luft aus.

„Wenn du eine Spritze in den Po bekommst“, sagt Dr. Schipper zu Benni, „tut es nicht mal halb so weh. Ehrenwort!“

Benni nickt.

„Jetzt muß die Spritze ein paar Minuten wirken.“ Dr. Schipper geht hinaus.

„Hat es sehr weh getan?“ fragt Benni.

Mama lächelt. „Es war gut auszuhalten. Schließlich hat es nur ganz kurz gedauert. Die Stechwarze hat mir viel mehr weh getan.“

Benni streichelt seiner Mama zärtlich das Gesicht.

Sie warten und warten, und Benni wird es wieder langweilig. „Wo bleibt er denn so lange?"

„Wahrscheinlich ist er bei einem anderen Patienten."

Es dauert noch ein paar Minuten, bis Dr. Schipper kommt. „So, dann wollen wir jetzt die Warze ausbrennen."

„Brennen?“ Benni starrt Dr. Schipper an.

„Nicht mit Feuer, keine Angst.“ Dr. Schipper zeigt Benni einen Stab, an dem vorne ein ganz feines Drähtchen ist. „Dieses Drähtchen wird sehr heiß, und damit brenne ich die Warze aus. Aber dank der Spritze spürt deine Mama davon überhaupt nichts.“

Benni guckt ihn an, als glaube er das nicht.

Dr. Schipper setzt sich auf einen Hocker und beginnt mit dem Ausbrennen. Benni verzieht wieder das Gesicht und schaut seine Mama an.

Aber die lächelt. „Ich spüre wirklich nichts.“

„So, das hätten wir“, sagt Dr. Schipper. „Und wenn du mal eine Stechwarze hast, machen wir die genauso heraus. Einverstanden?“

Benni nickt.

Warum muß ich zum Zahnarzt?

Eines Morgens teilt die Lehrerin in der ersten Klasse Zettel aus, auf denen steht, daß alle Kinder zum Zahnarzt müssen.

„Warum muß ich denn zum Zahnarzt, wenn ich gar keine Zahnschmerzen habe?“ fragt Tanja zu Hause ihre Eltern.

„Damit du keine bekommst“, antwortet Papa.

„Und damit der Zahnarzt sieht, ob deine richtigen Zähne auch richtig wachsen“, sagt Mama.

„Muß er auch bohren?“ fragt Tanja.

Papa schüttelt den Kopf. „Wenn man seine Zähne so regelmäßig putzt wie du, muß der Zahnarzt bestimmt nicht bohren.“

Mama ruft beim Zahnarzt an und fragt, wann sie mit Tanja kommen kann.

Zwei Wochen später liegt Tanja zum erstenmal

auf dem Zahnarztstuhl und hat Herzklopfen. Eine Helferin bindet ihr eine Serviette um den Hals. Dann ist auch schon Dr. Dehmel da.

„Guten Tag“, sagt er und liest schnell, was auf der Karteikarte steht. „Du bist also die Tanja. Es freut mich, daß du kommst, obwohl du keine Schmerzen hast. Denn vorsorgen ist besser als bohren, oder nicht?“

Tanja nickt und schaut zu Mama hinüber.

„Na, dann wollen wir gleich mal sehen“, sagt Dr. Dehmel und setzt sich seitlich hinter Tanja. „Mach bitte den Mund auf.“

Mit Hilfe eines kleinen Spiegels, der einen Stiel hat, untersucht er Tanjas Zähne. „Du hast schöne Zähne.“

Tanja läuft der Speichel im Mund zusammen. Sie möchte schlucken, aber es geht nicht.

Dr. Dehmel greift nach einem Metallstäbchen. Es hat einen Haken vorne dran. Tanja reißt die Augen auf und bekommt Angst.

Dr. Dehmel klopft leicht gegen zwei Zähne. „Tut das weh?“

Tanja möchte nein sagen, aber mit Spiegel und Haken im Mund kommt nur „ei“ heraus.

Dr. Dehmel sagt seiner Helferin, was sie auf Tanjas Karteikarte schreiben soll.

Dann setzt er sich neben Tanja. „Du hast wirk-

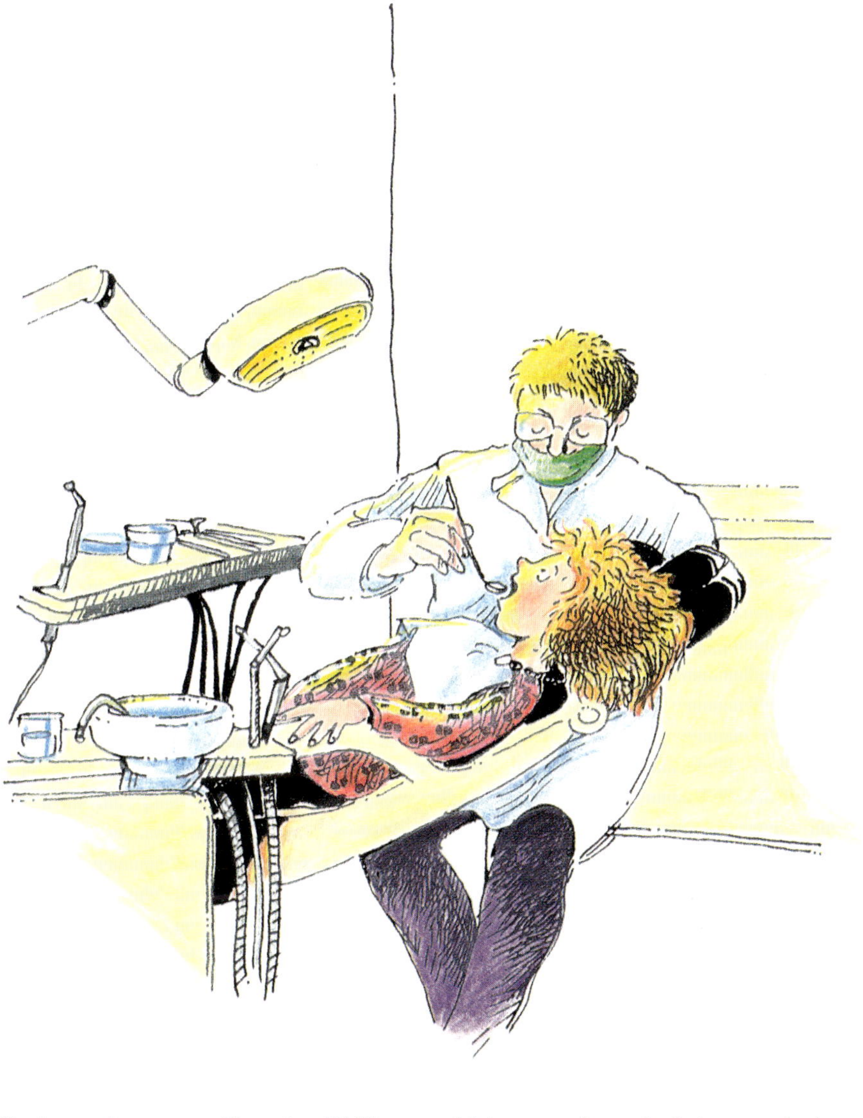

lich sehr gepflegte Zähne. Wenn du nicht zu viele Süßigkeiten ißt und deine Zähne dreimal täglich putzt, dann brauche ich noch lange nicht zu bohren. Allerdings sind unten zwei Schneidezähne ziemlich schief. Da werden wir wahrscheinlich mit einer Zahnspange etwas nachhelfen müssen. Aber das hat noch Zeit." Er steht auf. „So, jetzt bist du schon fertig. Das war doch nicht schlimm, oder?"

„Nein", sagt Tanja und ist trotzdem froh, daß sie es hinter sich hat.

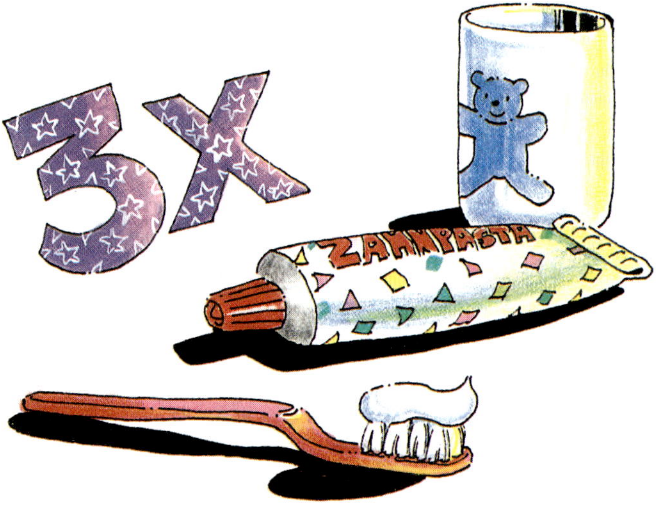

Warum wird jemand Arzt?

Markus, Dirk und Özgür stehen auf dem Bürgersteig und können sich nicht einigen, was sie tun sollen. Markus und Özgür wollen Fußball spielen, Dirk will lieber radfahren.

„Mensch Leute, jetzt haben wir Ferien und hängen hier nur dumm rum“, meckert Dirk und kickt den Ball weg.

„He, spinnst du?“ ruft Özgür.

In diesem Augenblick kommt ein Jogger angetrabt, stoppt den Ball, spielt mit ihm, läßt ihn auf der Fußspitze, auf dem Oberschenkel und zum Schluß auf dem Kopf tanzen. Markus, Dirk und Özgür schauen ihm staunend zu. Der Jogger schießt den Ball hoch in die Luft und stoppt ihn so elegant mit dem Fuß, daß der Ball genau vor ihm liegenbleibt.

„Spitze!“ sagt Markus. „Sind Sie Fußballprofi?“

Der Jogger lacht. „Nein, nein, ich bin kein Fußballer; ich bin Arzt."

„Arzt?" fragen alle drei wie aus einem Mund. „Ja . . . aber . . . wieso können Sie dann so gut Fußball spielen?" stottert Markus.

Der Arzt kommt mit dem Ball am Fuß näher. „Ihr meint wohl, wir Ärzte können nur die Leute verarzten, sonst nichts."

Markus, Dirk und Özgür stehen da und wissen nicht, was sie sagen sollen.

„Wir kommen ja nicht als Ärzte zur Welt“, redet der Arzt weiter. „Ich war ein Junge wie ihr und habe immer gern Sport getrieben. Mit zwanzig war ich im Fußball ganz gut, ich habe sogar bei Eintracht Frankfurt in der Bundesliga gespielt.“

„In der Bundesliga?!“ Die drei Jungen können es nicht fassen.

„Aber ich wollte unbedingt Arzt werden. Und beides zusammen ging nicht.“

„Warum nicht?“

„Als Fußballer muß man sehr viel trainieren, und wenn man Arzt werden will, muß man sehr viel lernen. Da habe ich mit dem Fußballspielen aufgehört und bin lieber Arzt geworden.“

„Das hätte ich nie im Leben getan“, sagt Markus. „Fußballer ist doch viel schöner als Arzt.“

„Das würde ich nicht sagen. Ich finde beides schön. Aber ich wollte eben gerne kranken Menschen helfen. Das war schon als Kind mein Wunsch.“

„Ich möchte lieber Fußballprofi werden“, sagt Markus.

Özgür nickt. „Ich auch.“

„Dann müßt ihr aber fleißig trainieren.“ Der Arzt spielt Özgür den Ball zu. „Jetzt muß ich schnell nach Hause zu meinem Philipp. Der will nämlich auch Fußballprofi werden. Tschüs!“ ruft er und läuft weiter.

Markus, Dirk und Özgür schauen ihm nach.

„Das ist ein toller Arzt“, sagt Özgür und dribbelt um Markus und Dirk herum.

„Los, wir fahren zum Bolzplatz!“ ruft Dirk und schwingt sich auf sein Fahrrad.

Warum ist ein Krankenhaus so groß?

Miriam und Alice sind seit kurzem befreundet. Auf dem Heimweg vom Nachmittagsunterricht reden sie über ihre Eltern.

„Mein Papi fährt einen großen Lastwagen“, sagt Alice.

„Au toll!“ ruft Miriam. „Darf ich auch mal mitfahren?“

„Ich frage ihn, wenn er wieder da ist.“

„Wo ist er denn jetzt?“

Alice zieht die Schultern hoch. „Mit dem Lastwagen weg.“

„Schade“, sagt Miriam. „Mein Papa ist Arzt im Krankenhaus. Ich geh’ jetzt zu ihm und hole ihn ab.“

„Darf ich mitkommen?“

„Klar.“

„Ich war noch nie im Krankenhaus“, sagt Alice.

„Ich schon oft.“

Vor dem Krankenhaus bleibt Alice mit offenem Mund stehen. „Das ist ja riesig!“

„Es muß so groß sein“, erklärt Miriam, „weil immer viele Leute krank sind.“

Miriam grüßt den Pförtner am Eingang. „Guten Tag, Herr Krause!“

Der Pförtner sitzt hinter einer Glasscheibe und winkt. „Guten Tag, Miriam!“

„Wer ist das?“ fragt Alice leise.

„Herr Krause ist der Pförtner. Der paßt auf, wer rein- und rausgeht. Und wenn man nicht weiß, in welchem Zimmer ein Patient liegt, muß man

Herrn Krause fragen. Der schaut dann auf einer Liste nach."

„Hallo, Miriam!" sagt ein junger Mann im Vorbeigehen.

„Hallo, Rainer!" Miriam winkt ihm. „Der ist Krankenpfleger bei meinem Papa auf der Station."

„Was ist eine Station?" fragt Alice.

„Das ist . . ." Miriam überlegt. „Mein Papa soll's dir erklären."

Sie fahren mit dem Aufzug in den dritten Stock.

Schwester Annerose sagt ihnen, daß Miriams Papa noch bei einem neuen Patienten ist. „Ihr könnt hier auf ihn warten."

Miriam und Alice schauen ihr bei der Arbeit zu.

„Was machen Sie da?"

„Ich schreibe auf die Karteikarte, wie der neue Patient heißt und wo er wohnt, welche Krankheit er hat und welche Medikamente er bekommt."

„Warum schreiben Sie das auf?" fragt Miriam.

„Bei den vielen Patienten können wir das nicht alles im Kopf behalten", antwortet Schwester Annerose. „Wenn ein Kranker aber falsche Medikamente und falsches Essen bekäme, könnte das schlimme Folgen haben. Deswegen gibt es für jeden Patienten so eine Karte, da steht alles Wichtige drauf."

Miriams Papa kommt. „Tag, mein Schatz“, sagt er zu Miriam. „Schwester Annerose, machen Sie bitte bei Herrn Bauer in zwei Stunden eine Blut- und Urinprobe.“

„Ist gut, Herr Doktor.“

„War sonst noch etwas?“ fragt er.

„Nein, nichts.“

„Das ist Alice“, sagt Miriam zu ihrem Papa. „Sie war noch nie im Krankenhaus.“

„So? Dann kann sie aber froh sein.“

„Sie möchte wissen, was eine Station ist.“

„Das hier ist zum Beispiel die Innere Station“, sagt Miriams Papa. „Zu uns kommen Leute, die innen krank sind: an Herz, Lunge, Leber, Magen, Darm. Wir versuchen, ihnen mit Medikamenten, Bestrahlungen und besonderer Ernährung zu helfen. Wenn das nichts nützt, müssen sie auf die Chirurgische Station. Dort werden sie dann operiert. Und wenn du dir mal einen Arm oder ein Bein brichst, bringt man dich auch auf die Chirurgische Station.“

„Es gibt auch eine Kinderstation“, sagt Miriam.

„Und eine Hals-Nasen-Ohren-Station“, erzählt ihr Papa. „Und eine Entbindungsstation, wo die Kinder zur Welt kommen. Dann gibt es noch die Intensivstation; dort liegen die Schwerkranken. Und überall sind Ärzte, Schwestern und Pfleger, die den Kranken helfen, wieder gesund zu werden. Alles klar?“

Alice nickt.

Auf dem Weg durch das Krankenhaus fragt Alice: „Warum brennt da ein rotes Licht?“

„Da wird jemand operiert“, antwortet Miriam schnell. „Und niemand darf hinein.“

„Warum nicht?“

„Wenn wir da jetzt hineingingen, würden wir eine Menge Bakterien mitschleppen“, antwortet Miriams Papa. „Die könnten in die offene Wunde gelangen und dem Kranken sehr schaden. Außerdem müssen Ärzte und Schwestern bei einer Operation ganz genau aufpassen, damit sie keine Fehler machen. Deswegen dürfen sie nicht gestört werden.“

„Papa, zeigst du uns, wie Blut unter dem Mikroskop aussieht?“

„Ich weiß nicht . . .“

„Bitte, bitte! Alice hat es noch nie gesehen.“

„Na gut!“ Er geht mit Miriam und Alice ins Labor. „Die beiden möchten gerne mal Blut sehen“, sagt er zu einer Frau, die vor einem großen Mikroskop sitzt. „Geht das?“

„Natürlich“, sagt die Frau.

Alice schaut in das Mikroskop. „Das ist ja gar nicht richtig rot. Da sind nur Kreise und Kringel.“

307
LABOR
LABO

„Laß mich auch mal!“

„Aber Blut ist doch rot“, sagt Alice unsicher. „Warum sieht es da ganz anders aus?“

„Unser Auge nimmt nur eine rote Flüssigkeit wahr“, erklärt die Frau. „Mit dem Mikroskop sieht man genau, woraus diese Flüssigkeit besteht. Die Kreise und Kringel sind rote und weiße Blutkörperchen. Und wenn davon zuviel oder zuwenig vorhanden sind, wissen wir, daß der Mensch eine Krankheit hat.“

„Hat Alice gleich viel Blutkörperchen wie ich?“ fragt Miriam.

„Normalerweise schon“, antwortet die Frau.

Miriams Papa schiebt die beiden zur Tür. „Jetzt habt ihr aber genug gesehen.“

„Daß Blut so komisch aussieht, hätte ich nicht gedacht“, sagt Alice draußen.

Warum heißt der Blinddarm Blinddarm?

Adrian war im Krankenhaus. Sein Blinddarm wurde herausoperiert. Jetzt ist er wieder in der Schule. Die Mädchen und Jungen seiner Klasse wollen wissen, wie alles war.

„Zuerst hatte ich Bauchschmerzen“, erzählt Adrian. „Dann bekam ich auch noch Fieber, und dann mußte ich ein paarmal spucken. Und die Schmerzen im Bauch sind immer stärker geworden. Es war so schlimm, daß ich es kaum aushalten konnte. Da ist meine Mama mit mir ins Krankenhaus gefahren. Der Doktor hat mir auf dem Bauch herumgedrückt, das hat furchtbar weh getan. Er hat gesagt, es sei schon höchste Eisenbahn.“

„Warum?“ will Theo wissen.

„Weil mein Blinddarm sonst vielleicht geplatzt

wäre", antwortet Adrian. „Und das ist lebensgefährlich, hat der Doktor gesagt."

„Warum?"

„Weil dann die ganzen Bakterien im Bauch herumschwimmen, und daran kann man sterben."

„Aber du warst ja zum Glück rechtzeitig im Krankenhaus", sagt die Lehrerin. „Wie ging es denn da weiter?"

„Also, ich habe gleich eine Spritze in den Po bekommen und dann noch eine, und dann weiß ich nichts mehr."

„Warum nicht?" fragt Anja.

„Das war Narkosose!" ruft Patrick.

Die Lehrerin muß lachen. „Narkose heißt das. Man kann auch Betäubung dazu sagen. Adrian wurde betäubt, damit er bei der Operation keine Schmerzen spürte." Sie nickt Adrian zu.

„Als ich aufgewacht bin", erzählt der weiter, „hatte ich einen Verband um den Bauch. Und wenn ich aufgestanden bin oder gelacht habe, hat es gezwickt."

„Warum heißt denn der Blinddarm Blinddarm?" fragt Patrick. „Sieht der nichts?"

Die Kinder lachen, die Lehrerin schmunzelt. „Der sieht nichts, da hast du recht. Aber deshalb heißt er nicht so. Man nennt ihn Blinddarm, weil er keine Aufgabe mehr hat. Er ist einfach nur da. Genauer kann ich das nicht erklären, ich bin ja keine Ärztin. Aber eines weiß ich genau: Das Wort Blinddarmentzündung ist eigentlich ganz falsch. Am Blinddarm hängt ein kleines Stückchen Darm, das aussieht wie ein Wurm. Die Ärzte nennen dieses Stück Wurmfortsatz. Und dieser Wurmfortsatz kann sich entzünden."

„Dann war das ja eine Wurmfortsatzoperation", sagt Adrian. „Komisches Wort."

„Aber es stimmt", sagt die Lehrerin.

„Wie war es denn sonst im Krankenhaus?" fragt Anja.

„Och, ganz schön. Der Doktor und die Schwestern waren lustig. Und Robin auch. Der lag im Bett neben mir. Blöd war nur, daß er nicht aufstehen konnte."

„Und wenn . . ." Jens kichert. „Und wenn er mal gemußt hat?" Wieder kichert er. „Hat er dann ins Bett gemacht?"

Jetzt kichert und tuschelt die ganze Klasse.

Adrian erklärt es: „Eine Schwester hat eine Schüssel unter seinen Po geschoben, und wenn er fertig war, hat sie ihm den Po geputzt und alles mitgenommen."

Wieder wird gekichert und getuschelt.

„Und zum Pinkeln hat man eine Flasche im

Schränkchen neben dem Bett. Zu der sagen die Schwestern Ente."

Jetzt lacht die ganze Klasse.

„Läßt du uns mal sehen, wo man dich operiert hat?" fragt Marc.

„Au ja!" rufen die andern.

Adrian steht auf und schiebt die Hose runter, bis auf der rechten Seite ganz unten am Bauch eine Narbe zum Vorschein kommt. Sie ist ungefähr vier Zentimeter lang.

Alle Kinder drängeln sich um Adrian herum. Und man sieht ihm an, daß er ziemlich stolz auf seine Narbe ist.

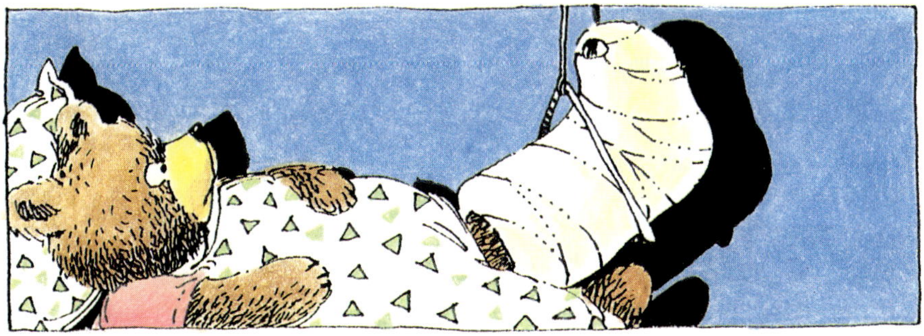

Was ist, wenn sich jemand ein Bein bricht?

Sascha und Jenny klettern auf den alten Apfelbaum im Garten.

Plötzlich rutscht Sascha ab, fällt hinunter und brüllt sofort wie am Spieß. Jenny klettert schnell hinab, sieht, daß Saschas Bein einen Knick hat, und holt Mama.

„Oje! Das ist gebrochen!" sagt Mama, als sie Saschas Bein abtastet.

Jenny ist ganz blaß um die Nase. „Und was machen wir jetzt?" flüstert sie.

Doch Mama läuft schon ins Haus zum Telefon, wählt die Notrufnummer 110 und fordert einen Krankenwagen an.

Es dauert nicht lange, da hören sie „tatütata!".

Mama wartet am Gartentor und führt die

beiden Sanitäter zu Sascha. Sie untersuchen Sascha kurz, legen ihn auf eine Trage, schnallen ihn fest, bringen ihn zum Krankenauto und

schieben ihn hinein. Mama steigt ein und setzt sich neben Sascha.

Während der Fahrt meldet ein Sanitäter Sascha im Krankenhaus an. Dort wird er dann schon von einer Ärztin und einer Krankenschwester im Untersuchungsraum erwartet. Die Schwester zieht Sascha vorsichtig die Kleider aus. Die Ärztin untersucht ihn und spricht dabei mit ihm.

„Es tut so weh“, jammert Sascha.

„Hast du sonst noch irgendwo Schmerzen?“ fragt die Ärztin. „Tut dir der Kopf weh?“

„Nein, nur das Bein.“

„Dann machen wir jetzt eine Röntgenaufnahme.“

„Tut das weh?“ fragt Sascha.

„Überhaupt nicht“, beruhigt ihn die Ärztin. „Beim Röntgen wird das Innere deines Beines fotografiert. Da sehen wir den Knochenbruch und ob sonst noch etwas an deinem Bein verletzt ist. Aber davon spürst du nichts.“

Die Schwester legt ein Tuch über Sascha und schiebt ihn auf der fahrbaren Liege über den Flur. Mama hält seine Hand.

„Sie müssen hier warten“, sagt die Schwester.

„Warum darf meine Mama nicht mitkommen?“ fragt Sascha mit weinerlicher Stimme.

„In den Röntgenraum dürfen nur Ärzte und

Schwestern. Und auch die gehen kurz in einen Nebenraum, wenn die Aufnahme gemacht wird."

„Warum?"

„Weißt du, Sascha", sagt die Schwester, „Röntgenstrahlen helfen uns zwar, Verletzungen und Krankheiten zu erkennen; aber zuviel von diesen Strahlen ist für die Menschen nicht gut. Deswegen darf bei der Röntgenaufnahme nur der Kranke in dem Raum sein."

„Aber ich . . ."

Mama nickt Sascha zu. „Ich warte ja hier."

Im Röntgenraum ist es düster. Sascha wird auf einen kühlen Tisch gelegt. Eine Schwester schiebt eine Metallplatte unter Saschas Bein und legt einen komischen schweren Schurz über seinen Bauch und Unterleib.

„Warum ist der so schwer?"

„Da ist Blei drin. Der schützt deinen Körper vor den Strahlen. Wir wollen ja nur dein Bein fotografieren. So, und jetzt mußt du ganz ruhig liegenbleiben."

Beide Schwestern gehen in den Nebenraum und schauen durch ein Fenster zu Sascha herein. Dann macht es „klick".

Nach dem Röntgen schiebt die Schwester Sascha in den Untersuchungsraum zurück. Inzwischen schaut die Ärztin schon die

Röntgenbilder an. Sie sieht den Knochenbruch, aber auch noch einen Bänderriß am Knöchel.

Sascha muß operiert werden.

„Mama, Mama, ich habe Angst!“

„Das brauchst du nicht“, sagt Mama. „Die Ärzte und Schwestern helfen dir, und ich bin ja auch noch da.“

Sascha bekommt eine Spritze. Er spürt den Einstich, sonst nichts. Langsam wird er müde. Er sieht, wie die Ärztin mit Mama redet. Doch er hört ihre Stimme wie von fern. Er wird aus dem Zimmer geschoben, will nach seiner Mama rufen, aber es geht nicht mehr.

Als Sascha die Augen wieder aufschlägt, sitzt Mama an seinem Bett und lächelt. Saschas Augen fallen gleich wieder zu. Es dauert noch eine Weile, bis er richtig aufwacht und sein eingegipstes Bein sieht. „Wie geht's dir?“ fragt Mama.

„Ich bin müde, und mir ist schlecht.“ Sascha entdeckt den dünnen Schlauch, der an seinem Arm befestigt ist, und die Flasche, die an einem Haken hängt. „Was ist das?“

„Das ist ein Tropf“, antwortet Mama. „Aus der Flasche tropft Medizin, damit dein Körper kriegt, was er braucht. Auch wenn du schläfst.“

Die Schwester kommt ins Zimmer. „Na, wie

geht es unserem Sascha?“ Sie greift nach seinem Handgelenk und zählt den Pulsschlag. „Der Puls ist ja ganz prima. Aber jetzt brauchst du erst einmal viel Schlaf.“ Sie gibt Saschas Mama ein Zeichen.

„Ich muß jetzt gehen. Papa und Jenny warten bestimmt schon ungeduldig auf mich. Die wollen doch auch wissen, wie es dir geht. Und morgen kommen wir dich besuchen, alle drei. Wenn du etwas brauchst, mußt du es nur den Schwestern sagen. Die helfen dir.“

Die Schwester nickt und lächelt.

Mama gibt Sascha einen Kuß und geht. Sascha weint ein wenig, dann schläft er ein.

Warum bekommen im Krankenhaus nicht alle das gleiche Essen?

Schwester Ingrid bringt das Mittagessen. Slatko, Thomas und Michael recken die Hälse. Es gibt Fleisch, Kartoffelpüree und Gemüse. Und als Nachtisch Joghurt.

Slatko leckt sich die Lippen, als er sein Tablett bekommt.

Thomas zieht die Nase hoch. „Kartoffelpampe und Gemüse“, meckert er.

Auf Michaels Platz stellt Schwester Ingrid einen Teller mit Suppe und zwei Scheiben Weißbrot.

„Warum kriege ich nicht das gleiche wie die beiden?“ fragt Michael.

„Das ist ganz einfach“, sagt Schwester Ingrid. „Weil du nicht die gleiche Krankheit hast wie die beiden. Slatko und Thomas müssen ihre

gebrochenen Beine schonen, damit die wieder richtig zusammenwachsen. Deswegen haben sie Gipsverbände und dürfen nicht gehen. Aber essen können sie ganz normal. Du darfst zwar gehen, aber dafür mußt du deinen Magen schonen. – Und wie schont man den Magen?"

„Weiß ich nicht", sagt Michael.

„Indem man ihm nur leichtverdauliche Speisen gibt, damit er nicht so viel arbeiten muß und schneller gesund wird. Für deinen Magen ist Schonkost so wichtig wie für die gebrochenen Beine Gips." Schwester Ingrid geht zur Tür.

„Du kannst mein Essen haben", flüstert Thomas.

Das hört Schwester Ingrid. „Thomas! Mach bloß keinen Quatsch! Wenn Michael dein Essen ißt, bekommt er große Schmerzen. Das wäre ungefähr so, wie wenn du mit deinem Bein hundert Meter laufen müßtest. Verstehst du?"

Thomas schämt sich und würde sich am liebsten unter seiner Bettdecke verkriechen.

„Die Ärzte überlegen sich genau, wer welches Essen bekommt", sagt Schwester Ingrid. „Nicht um euch zu ärgern, sondern um euch zu helfen. Und auch wenn etwas nicht so wie zu Hause schmeckt, solltet ihr es trotzdem essen. So, und jetzt wünsche ich euch einen guten Appetit!"

Warum kann man nicht mehr gehen, wenn man lange krank war?

Ines liegt seit drei Wochen mit einer Kopfverletzung im Krankenhaus.

„Morgen früh wirst du noch einmal gründlich untersucht", sagt die Ärztin. „Wenn alles in Ordnung ist, darfst du wieder aufstehen."

Aufstehen! Ines kann sich schon gar nicht mehr vorstellen, wie es ist, auf den eigenen Beinen zu stehen und zu gehen. Sie will einfach nicht mehr bis morgen warten. Kaum ist die Ärztin draußen, schiebt Ines die Beine aus dem Bett.

„Was machst du?" fragt Nadine im Nachbarbett.

Ines gibt keine Antwort. Sie hält sich am Bett fest und stellt die Beine vorsichtig auf den Boden. Aber ihre Beine sind weich und wackelig

wie Pudding; schon beim ersten Schritt knickt sie ein. Nadine will Ines helfen, aber mit ihrem gebrochenen Arm schafft sie es nicht. Da klingelt sie nach der Schwester.

„Was gibt's? . . . Um Himmels willen!" Schwester Marion hebt Ines hoch und legt sie aufs Bett. „Was ist denn passiert?"

Ines weint.

„Sie wollte aufstehen“, sagt Nadine.

„Aber Ines.“ Schwester Marion schüttelt den Kopf. „Was machst du denn für Dummheiten?“

„Warum kann ich nicht mehr gehen?“ fragt Ines und zieht die Nase hoch.

Schwester Marion setzt sich auf Ines’ Bett. „Überleg mal, Ines, du bist jetzt drei Wochen gelegen. In dieser Zeit hast du deine Muskeln nur wenig benutzt. Und du kennst doch bestimmt das Sprichwort: Was rastet, das rostet. Deine Muskeln sind zwar nicht gerostet, aber sie sind

schlaff geworden. Die müssen erst wieder kräftiger werden, bevor du alleine gehen kannst. Dazu bekommst du Massagen, und unsere Heilgymnastin wird mit dir besondere Übungen machen. In ein paar Tagen kannst du bestimmt schon mit den anderen Kindern im Gymnastikraum turnen." Schwester Marion streicht Ines über die Wangen. „In Ordnung?"

Ines nickt.

Der Autor

Manfred Mai, 1949 in Winterlingen geboren, wuchs auf einem Bauernhof auf – und war als Kind keine Leseratte! Er machte nach der Schule eine Malerlehre und arbeitete auch in einer Fabrik. Doch er war mit diesem Leben immer weniger zufrieden. In dieser Zeit entdeckte er die Welt der Bücher, las und lernte viel, wurde Lehrer – und Schriftsteller.

Heute lebt Manfred Mai mit seiner Frau und zwei Töchtern in seinem Geburtsort. Und manchmal schreibt er auch, wie man dort „schwätzt", nämlich schwäbisch.

Die Illustratorin

Dagmar Geisler wurde 1958 in Siegen geboren. In Wiesbaden studierte sie das Zeichnen, und direkt nach dem Studium fing sie an, für verschiedene Verlage Bücher zu illustrieren. Sie ist Mutter eines Sohnes und wohnt in der Frankfurter „Romanfabrik", einem Haus, in dem mehrere Grafiker und Schriftsteller leben.

Kennst du auch die anderen Warum-Geschichten von Manfred Mai?

Im Zoo

In der Schule

Vom Schmusen und Liebhaben

Im Verkehr

Wie es früher war

Die Feuerwehr

Ausländer bei uns